LIBRO DE COCINA GOURMET

50 FANTÁSTICOS APERITIVOS

ADRIAN ARSHAVIN

TABLA DE CONTENIDO

INTRODUCCIÓN

¿Quién no ama la comida para picar de fiesta? No solo son deliciosos; son esenciales para asegurarse de que sus invitados sonrían.

¿Qué son los bocadillos?

Los bocadillos son idealmente alimentos pequeños, del tamaño de un bocado, que deben comerse directamente con las manos, ¡sin necesidad de utensilios! En lugar de tenedor y cuchillos, las personas a menudo sirven estos mini aperitivos con brochetas o palillos de dientes para comer fácilmente.

Si le toma más de tres bocados terminarlo, ¡lo más probable es que no sea un verdadero bocadillo! Los alimentos de un bocado son el mejor tipo de aperitivo para servir porque no requieren servilletas y tienen poco o ningún desorden.

Los bocadillos han existido desde hace algún tiempo. Lo crea o no, se hicieron populares en la era de la prohibición cuando tenían bares clandestinos. ¡Los cócteles se servirían ilegalmente y acompañarían esas bebidas ilegales con alimentos pequeños que eran fáciles de servir y comer para mantener a la gente feliz y también para que bebieran!

¡Los bocadillos elegantes son perfectos para cócteles y eventos especiales o días festivos como bodas o Nochevieja! ¡Seguro que impresionarán y son perfectos para los adultos!

¡Empecemos entonces!

Canapés de FIESTA

1. Canapés de espárragos y queso feta

Ingrediente

- 20 rodajas   Pan blanco fino

- 4 onzas   Queso azul

- 8 onzas   Queso crema

- 1 huevo

- 20Lanzas de espárragos enlatados escurridos

- ½ taza   Mantequilla derretida

a) Recorte la corteza del pan y aplánelo con un rodillo. Licue los quesos y el huevo hasta obtener una consistencia viable y esparza uniformemente en cada rebanada de pan. Coloque una lanza de espárragos en cada rebanada y enrolle. Sumerja en mantequilla derretida para cubrir completamente. Coloque en una bandeja para hornear galletas y congele.

b) Cuando esté firmemente congelado, córtelo en trozos pequeños. (Si está congelando para una fecha futura, coloque los trozos del tamaño de un bocado en una bolsa para congelador; no los descongele para cocinar). Coloque en una bandeja para hornear galletas y hornee a 400 F durante 20 min.

2. Canapés de mariscos a la parrilla

Ingrediente

- 1 taza de mariscos cocidos, en copos

- 6 rebanadas de pan blanco

- $\frac{1}{4}$ de taza de mantequilla

- $\frac{1}{4}$ de taza de queso cheddar o 1/3 de taza de salsa de tomate o chile

- Queso americano rallado

a) Tostar el pan por un lado; corte la corteza y corte el pan por la mitad.

b) Mantequilla los lados sin tostar; cubra con una capa de mariscos, luego ketchup y cubra con queso. Coloque los canapés en una bandeja para hornear debajo del asador. Ase hasta que el queso se derrita y los canapés estén bien calientes. Rinde 12 canapés.

3. Canapés y entremeses de caviar

Ingrediente

- pan cortado en formas o Melbas

- ensalada de huevo para untar

- untar de caviar, cebolla picada y limón

- jugo

- un solo camarón pequeño como guarnición.

- un anillo de cebolla tierna, cruda y en rodajas

a) sumerja una rodaja de pepino en aderezo francés y colóquela dentro del aro de cebolla

b) cubrir el pepino con un pequeño montículo de caviar sazonado con jugo de limón y cebolla

c) Adorne con alcaparras, cebollino o huevos cocidos duros con arroz.

4. Canapés fromage-chevre

Ingrediente

- 10 pequeños   Papas rojas, (3/4 de libra)

- Spray vegetal para cocinar

- $\frac{1}{4}$ de cucharadita   Sal

- $\frac{1}{4}$ de taza   Leche desnatada

- 6 onzas Chevre, (queso de cabra suave)

- 20 Hojas de escarola belga, (3 cabezas medianas)

- 10 Uvas rojas sin semillas, cortadas a la mitad

- 1 cucharada   Caviar

a) Cocine al vapor las papas, tapadas, durante 13 minutos o hasta que estén tiernas; dejar enfriar.

b) Cubra ligeramente las papas con aceite en aerosol y córtelas por la mitad. Corta y desecha una rodaja fina del fondo de cada mitad de papa para que se levanten.

c) Espolvoree las mitades de papa con sal.

d) Combine la leche y el queso en un tazón; revuelva bien.

e) Con una cuchara, coloque la mezcla en una manga pastelera con punta de estrella grande; coloque la mezcla en las mitades de papa y en las hojas de escarola. Cubra cada hoja de escarola con la mitad de una uva. Cubra y enfríe, si lo desea.

5. Canapés de champiñones abundantes

Ingrediente

- ¼ de taza   Champiñones picados

- ¼ de taza   Queso Monterey Jack rallado

- ¼ de taza   Mayonesa

- 3 rodajas   pan de centeno

- 1½ cucharadita Queso parmesano rallado

a) Tostar el pan de centeno y cortarlo por la mitad.

b) Cubra cada mitad con la mezcla de champiñones y queso y espolvoree con parmesano y hornee a 350 F. durante 15-20 minutos o hasta que el queso burbujee.

6. Canapés Rumaki

Ingrediente

- $\frac{1}{2}$ taza de agua

- 1 cucharadita de caldo de pollo

- 250 gramos de hígados de pollo

- 1 cucharada de Shoyu

- $\frac{1}{2}$ cucharadita de cebolla en polvo, mostaza seca

- $\frac{1}{4}$ de cucharadita de nuez moscada

- $\frac{1}{4}$ taza de jerez seco

- 1 pizca de salsa de pimienta
- 220 gramos de castañas de agua
- 6 Tocino

a) En una cazuela de 1 cuarto de galón, combine el agua, el caldo y los hígados. Cocine a fuego alto durante 4-5 minutos hasta que ya no esté rosado. Drenar.

b) Cocine el tocino en una toalla de papel a temperatura alta durante 5-6 minutos hasta que esté crujiente. Desmenuza y reserva.

c) Ponga los hígados, el shoyu, la cebolla y la mostaza, la nuez moscada y el jerez en el procesador de alimentos. Mezclar hasta que esté suave. Agregue la salsa de pimienta con moderación. Agregue las castañas de agua y el tocino.

d) Unte espesa sobre tostadas triangulares o galletas. Prepare con anticipación y vuelva a calentar colocando en un plato forrado de papel. Use una potencia media-alta de 1 a 2 minutos hasta que se caliente por completo.

e) Adorne con una rodaja de aceituna o pimiento morrón.

7. Canapés de mousse de salmón

Ingrediente

- 7½ onza Salmón rojo enlatado, escurrido

- 2 onzas   Salmón ahumado, cortado en trozos de 1 pulgada

- ¼ de cucharadita   Cáscara de limón rallada

- 3 cucharadas   Mayonesa descremada

- 1 cucharada   Jugo de limon fresco

- $\frac{1}{4}$ de taza   Pimiento rojo picado

- 2 cucharadas   Cebollas verdes picadas

- 1 cucharada   Perejil fresco picado

- 1 guión   Pimienta recién molida

- 8 rodajas   Pan de centeno al estilo de fiesta

- 8 rodajas   Pan de centeno estilo fiesta

- 4 Galletas de centeno, partidas por la mitad

- $\frac{1}{2}$ taza   Brotes de alfalfa

a) Deseche la piel y las espinas del salmón enlatado; desmenuzar el salmón con un tenedor.

b) Coloque la hoja del cuchillo en el tazón del procesador de alimentos; agregue salmón, salmón ahumado y los siguientes 3 ingredientes. Procese hasta que quede suave. Vierta en un tazón; agregue el pimiento morrón y los siguientes 3 ingredientes. Cubra y enfríe. Rendimiento: 2 docenas de aperitivos (tamaño de la porción: 1 aperitivo).

8. Canapés rellenos de germinados

Ingrediente

- 1 paquete   canapés de la forma deseada

- 1 taza   Brotes de soja

- $\frac{1}{2}$ taza   Cebolla finamente picada

- $\frac{1}{2}$ taza   Tomate finamente picado

- $\frac{1}{4}$ de taza   Cilantro finamente picado

- $\frac{1}{4}$ de taza   Papa hervida finamente picada

- $\frac{1}{2}$ Limón

- Sal al gusto

- Polvo de semillas de comino recién molido

- 4 Chiles verdes finamente picados; (4 a 5)

- 1 taza   Fine bikaneri sev; (Opcional)

- $\frac{1}{2}$ taza   Chutney de tamarindo

- $\frac{1}{2}$ taza   Salsa verde

- Aceite para freír u horno para hornear

a) Fríelos hasta que estén dorados. Escurrir sobre una toalla de cocina. Hacer todos los canapés y reservarlos.

b) Mezcle la cebolla, el tomate, las patatas, la mitad del cilantro, el limón, la sal y la guindilla verde. Déjelo enfriar por algún tiempo.

c) Antes de servir la mezcla de relleno en los canapés, ponga una pizca de ambos chutneys encima. Espolvoree una pizca de sal y comino en polvo (jeera). Adorne con sev y el cilantro restante.

ENSALADAS DE FIESTA

9. Bocaditos de atún y pepino

- 2 latas (5 onzas) de atún empacadas en agua, escurridas

- 2 huevos duros grandes, pelados y picados

- $1/2$ taza de mayonesa aprobada por ceto

- $1/2$ cucharadita de sal

- $1/2$ cucharadita de pimienta negra

- 2 cucharaditas de queso de cabra

- 1 pepino mediano, cortado en rodajas

a) 1Ponga el atún en un tazón mediano con huevos picados, mayonesa, sal y pimienta. Triturar con un tenedor hasta que se combinen.

b) 2 Unte una cantidad igual de queso de cabra en cada rodaja de pepino y cubra con la mezcla de ensalada de atún.

10. Ensalada de aperitivo de remolacha

Ingrediente

- 2 libras Remolacha

- Sal

- ½ cebolla española, cortada en cubitos

- 4 cucharadas de tomates, sin piel, sin semillas y cortados en cubitos

- 2 cucharadas Vinagre

- 8 cucharadas Aceite de oliva

- Aceitunas negras

- 2 dientes de ajo de cada uno, picados

- 4 cucharadas de perejil italiano picado

- 4 cucharadas de cilantro picado

- 4 papas medianas, hervidas

- Sal pimienta

- Pimiento rojo picante

a) Corta los extremos de las remolachas. Lavar bien y cocinar en agua hirviendo con sal hasta que estén tiernas. Escurrir y quitar la piel con agua fría corriente. Dado.

b) Mezcle los ingredientes del aderezo.

c) Combine las remolachas en una ensaladera con la cebolla, el tomate, el ajo, el cilantro y el perejil. Vierta sobre la mitad del aderezo, mezcle suavemente y enfríe durante 30 minutos. Corte las papas en rodajas, colóquelas en un tazón poco profundo y mezcle con el aderezo restante. Enfriar.

d) Cuando esté listo para ensamblar, coloque las remolachas, el tomate y la cebolla en el centro de un tazón poco profundo y coloque las papas en un anillo alrededor de ellos. Decora con aceitunas.

11. Copas de escarola de ensalada de huevo al curry

- 1 huevo duro grande, pelado

- 1 cucharadita de curry en polvo

- 1 cucharada de aceite de coco

- $1/8$ cucharadita de sal marina

- $1/8$ cucharadita de pimienta negra

- 2 hojas de escarola, lavadas y secas

1 En un procesador de alimentos pequeño, mezcle todos los ingredientes excepto la endibia hasta que estén bien mezclados.

2 Coloque 1 cucharada de mezcla de ensalada de huevo en cada taza de endivias.

3 Servir inmediatamente.

12. Ensalada de aperitivo con camarones y capuchina

Ingrediente

- 2 cucharaditas Jugo de limon fresco

- $\frac{1}{4}$ de taza   Aceite de oliva

- Sal y pimienta

- 1 taza   Camarones cocidos; Cortado

- 2 cucharadas   Cebolla picada

- 1 pequeño   Tomate; cubicado

- 1 Palta; cubicado

- Hojas de lechuga

- 2 cucharadas   Hojas de capuchina picadas

- Flores de capuchina

a) Batir el jugo de limón y el aceite. Condimentar con sal y pimienta. Agrega la cebolla y los camarones y mezcla. Deje reposar 15 minutos.

b) Agrega el tomate, el aguacate y las hojas de capuchina picadas. Aplique hojas de lechuga y rodee con hojas frescas de capuchina.

13. Ensalada de aperitivo de calabacín

Ingrediente

- Dwigans

- $\frac{1}{2}$ taza de jugo de limón fresco

- $\frac{1}{2}$ taza de aceite de ensalada

- 1 diente de ajo grande

- Sal y pimienta para probar

- 2 pizcas de azúcar

- 8 Calabacín

- Hojas de lechuga

- 2 tomates medianos

- $\frac{1}{2}$ pequeño   Pimiento verde picado

- 3 cucharadas de cebolleta muy finamente picada

- 1 cucharada de alcaparras

- 1 Perejil ramita

- 1 cucharadita de albahaca

- $\frac{1}{2}$ cucharadita de orégano

a) Aderezo: Combine todos los ingredientes y reserve.

b) Ensalada: Cocine a fuego lento el calabacín entero sin pelar en agua con sal durante unos 5 minutos sin tapar. Vierta el agua caliente y enjuague con agua fría inmediatamente para detener el proceso de cocción. Drenar. Corta cada calabacín por la mitad a lo largo.

c) Saque la pulpa con cuidado. Coloque el calabacín con el lado cortado hacia arriba en un plato plano que no sea de metal. Cubra con la mitad del aderezo.

d) Cubra bien con papel de aluminio. colocar en el refrigerador para marinar por lo menos 4 horas.

14. Aperitivo de ensalada de pimientos

Ingrediente

- Karen Mintzias

- 6 grandes   Pimientos dulces

- 1 mediano   Cebolla; picado grueso

- Sal y pimienta al gusto

- 3 cucharadas   Vinagre (más si lo desea)

- $\frac{1}{4}$ de taza   Aceite de oliva

- Orégano

a) Hornee los pimientos en horno caliente a 450 F durante unos 20 minutos o hasta que se ablanden y se ablanden. Retire las semillas y la piel exterior.

b) Cortar en trozos y colocar en un bol. Agrega la cebolla, la sal y la pimienta. Mezcle el vinagre y el aceite de oliva y agregue a los pimientos.

c) Espolvorea con orégano. Ajusta el condimento si es necesario.

15. Ensalada de antipasto de fiesta

Ingrediente

- 1 lata (16 oz) de corazones de alcachofa; drenado / reducido a la mitad

- 1 libra   Coles de Bruselas congeladas

- $\frac{3}{4}$ libras tomates cherry

- 1 Tarro (5 3/4 oz) de aceitunas verdes españolas; agotado

- 1 Frasco (12 oz) de pimientos pepperoncini; agotado

- 1 libra   Champiñones frescos; limpiado

- 1 lata   (16 oz.) De palmito; Opcional

- 1 libra   Pepperoni o salami; cubicado

- 1   Tarro (16 oz) de aceitunas negras; agotado

- $\frac{1}{4}$ taza de vinagre de vino tinto

- $\frac{3}{4}$ taza de aceite de oliva

- $\frac{1}{2}$ cucharadita de azúcar

- 1 cucharadita de mostaza de Dijon

- Sal; probar

- Pimienta recién molida; probar

a) Combine todos los ingredientes antes de agregar la vinagreta.

b) Refrigere por 24 horas.

16. Ensalada de fiesta rosa

Ingrediente

- 1 lata (No 2) de piña triturada

- 24 malvaviscos grandes

- 1 paquete de gelatina de fresa

- 1 taza de nata para montar

- 2 tazas Sm. requesón

- $\frac{1}{2}$ taza de nueces; Cortado

a) Caliente el jugo de piña con malvaviscos y gelatina. Fresco. Mezcle la crema batida, la piña, el requesón y las nueces. Agregue la primera mezcla y doble.

b) Deje enfriar durante la noche.

17. Ensalada de fiesta ragin 'cajun spam

Ingrediente

- 8 onzas Pasta con forma de rueda de carro

- 1 lata de corazones de alcachofa marinados (6 oz)

- 1 lata de Luncheon Meat, en cubos (12 oz)

- ⅓ taza de aceite de oliva

- ¼ taza de mezcla de condimentos criollos

- 1 cucharada de jugo de limón

- 1 cucharada de mayonesa o aderezo para ensaladas

- 1 cucharada de vinagre de vino blanco

- 1 taza de pimiento morrón cortado en cubitos

- $\frac{1}{2}$ taza de cebolla morada picada

- $\frac{1}{2}$ taza de aceitunas maduras en rodajas

- Albahaca fresca y orégano seco

- $\frac{1}{2}$ cucharadita de mostaza seca

- $\frac{1}{2}$ cucharadita de hojas secas de tomillo

- 1 Diente de ajo picado

a) Escurre las alcachofas, reservando la marinada; cortar en cuartos.

b) En un tazón grande, combine todos los ingredientes de la ensalada. En la licuadora, combine la marinada de alcachofa reservada con los ingredientes restantes del aderezo.

c) Procese hasta que quede suave. Agregue el aderezo a la ensalada, revolviendo bien. Cubra y enfríe varias horas o toda la noche.

CHIPS Y CRISPS

18. Chips de prosciutto

- 12 rebanadas de jamón (1 onza)
- Petróleo

1 Precaliente el horno a 350 ° F.

2Cubra una bandeja para hornear con papel pergamino y coloque las rodajas de jamón en una sola capa. Hornee por 12 minutos o hasta que el jamón esté crujiente.

3 Deje enfriar completamente antes de comer.

19. Papas fritas de remolacha

- 10 remolachas rojas medianas

- $1/2$ taza de aceite de aguacate

- 2 cucharaditas de sal marina

- $1/2$ cucharadita de ajo granulado

1Precaliente el horno a 350 ° F. Cubra algunas bandejas para hornear con papel pergamino y reserve.

2Pelar las remolachas con una cortadora de verduras y cortar las puntas. Corte con cuidado las remolachas en rodajas, de unos 3 mm de grosor, con una cortadora de mandolina o un cuchillo afilado.

3Coloque las remolachas en rodajas en un tazón grande y agregue aceite, sal y ajo granulado. Mezcle para cubrir cada rebanada. Ponga a un lado 20 minutos, permitiendo que la sal elimine el exceso de humedad.

4Escurra el exceso de líquido y coloque las remolachas en rodajas en una sola capa sobre las bandejas para hornear preparadas. Hornee durante 45 minutos o hasta que esté crujiente.

5Retirar del horno y dejar enfriar. Almacene en un recipiente hermético hasta que esté listo para comer, hasta 1 semana.

20. Chips de cebada

Ingrediente

- 1 taza   Harina para todo uso

- ½ taza   Harina de cebada

- ½ taza   Cebada enrollada (cebada

- Copos)

- 2 cucharadas   Azúcar

- ¼ de cucharadita   Sal

- 8 cucharadas   (1 barra) mantequilla o

- Margarina, ablandada

- $\frac{1}{2}$ taza de leche

a) En un tazón grande o en el procesador de alimentos, mezcle las harinas, la cebada, el azúcar y la sal.

b) Corta la mantequilla hasta que la mezcla se asemeje a una harina gruesa. Agregue suficiente leche para formar una masa que se mantendrá unida en una bola cohesiva.

c) Dividir la masa en 2 porciones iguales para enrollar. Sobre una superficie enharinada o un paño de repostería, extiéndalo de $\frac{1}{8}$ a $\frac{1}{4}$ de pulgada. Córtelo en círculos o cuadrados de 2 pulgadas y colóquelo en una bandeja para hornear ligeramente engrasada o forrada con papel pergamino. Pincha cada galleta en 2 o 3 lugares con los dientes de un tenedor.

d) Hornee durante 20 a 25 minutos o hasta que se dore. Dejar enfriar sobre una rejilla.

21. Patatas fritas con queso cheddar mexi-melt

- 1 taza de queso cheddar fuerte

- $1/8$ cucharadita de ajo granulado

- $1/8$ cucharadita de chile en polvo

- $1/8$ cucharadita de comino molido

- $1/16$ cucharadita de pimienta de cayena

- 1 cucharada de cilantro finamente picado

- 1 cucharadita de aceite de oliva

1Precaliente el horno a 350 ° F. Prepare una bandeja para hornear galletas con papel pergamino o un tapete Silpat.

2 Mezcle todos los ingredientes en un tazón mediano hasta que estén bien combinados.

3 Coloque porciones del tamaño de una cucharada en la bandeja para hornear preparada.

4 Cocine de 5 a 7 minutos hasta que los bordes comiencen a dorarse.

5 Deje enfriar de 2 a 3 minutos antes de retirarlo de la bandeja para hornear galletas con una espátula.

22. Chips de pepperoni

- 24 rodajas de pepperoni sin azúcar

- Petróleo

1 Precaliente el horno a 425 ° F.

2 Cubra una bandeja para hornear con papel pergamino y coloque las rodajas de pepperoni en una sola capa.

3Hornee 10 minutos y luego retírelo del horno y use una toalla de papel para secar el exceso de grasa. Regrese al horno 5 minutos más o hasta que el pepperoni esté crujiente.

23. Patatas fritas de ángel

Ingrediente

- ½ taza de azúcar

- ½ taza de azúcar morena

- 1 taza de manteca

- 1 Huevo

- 1 cucharadita de vainilla

- 1 cucharadita de crémor tártaro

- 2 tazas de harina

- ½ cucharadita de sal

- 1 cucharadita de bicarbonato de sodio

a) Crema de azúcar, azúcar morena y manteca. Agrega la vainilla y el huevo. Licue hasta que quede esponjoso. Agrega los ingredientes secos; mezcla.

b) Enrolle cucharaditas en bolas. Sumerja en agua y luego en azúcar granulada. Coloque en una bandeja para hornear galletas, con el lado del azúcar hacia arriba, luego aplaste con un vaso.

c) Hornee a 350 grados durante 10 minutos.

24. Patatas fritas de piel de pollo satay

- Piel de 3 muslos de pollo grandes

- 2 cucharadas de mantequilla de maní gruesa sin azúcar agregada

- 1 cucharada de crema de coco sin azúcar

- 1 cucharadita de aceite de coco

- 1 cucharadita de chile jalapeño sin semillas y picado

- $^1/4$ dientes de ajo picados

- 1 cucharadita de aminoácidos de coco

1Precaliente el horno a 350 ° F. En una bandeja para galletas forrada con papel pergamino, coloque las pieles lo más planas posible.

2 Hornee de 12 a 15 minutos hasta que la piel se torne de un color marrón claro y crujiente, con cuidado de no quemarlas.

3 Retire la piel de la bandeja para hornear galletas y colóquela sobre una toalla de papel para que se enfríe.

4En un procesador de alimentos pequeño, agregue la mantequilla de maní, la crema de coco, el aceite de coco, el jalapeño, el ajo y los aminoácidos de coco. Mezcle hasta que esté bien mezclado, aproximadamente 30 segundos.

5 Corta cada piel de pollo crujiente en 2 piezas.

6Coloque 1 cucharada de salsa de maní en cada pollo crujiente y sirva inmediatamente. Si la salsa está demasiado líquida, refrigere 2 horas antes de usarla.

25. Piel de pollo con aguacate

- Piel de 3 muslos de pollo grandes

- $^1/4$ aguacate mediano, pelado y sin hueso

- 3 cucharadas de crema agria entera

- $^1/2$ chile jalapeño mediano, sin semillas y finamente picado

- $^1/2$ cucharadita de sal marina

1Precaliente el horno a 350 ° F. En una bandeja para hornear galletas forrada con papel pergamino, coloque las pieles lo más planas posible.

2 Hornee de 12 a 15 minutos hasta que la piel se torne de un color marrón claro y crujiente, con cuidado de no quemarlas.

3 Retire la piel de la bandeja para hornear galletas y colóquela sobre una toalla de papel para que se enfríe.

4 En un tazón pequeño, combine el aguacate, la crema agria, el jalapeño y la sal.

5 Mezclar con un tenedor hasta que esté bien mezclado.

6 Corta cada piel de pollo crujiente en 2 piezas.

7 Coloque 1 cucharada de mezcla de aguacate en cada pollo crujiente y sirva inmediatamente.

26. Patatas fritas de verduras con parmesano

- $^3/4$ taza de calabacín rallado

- $^1/4$ taza de zanahorias ralladas

- 2 tazas de queso parmesano recién rallado

- 1 cucharada de aceite de oliva

- $^1/4$ cucharadita de pimienta negra

1Precaliente el horno a 375 ° F. Prepare una bandeja para hornear galletas con papel pergamino o un tapete Silpat.

2 Envuelva las verduras ralladas en una toalla de papel y exprima el exceso de humedad.

3 Mezcle todos los ingredientes en un tazón mediano hasta que estén bien combinados.

4 Coloque montones del tamaño de una cucharada en una bandeja para hornear preparada.

5 Hornee de 7 a 10 minutos hasta que esté ligeramente dorado.

6 Deje enfriar de 2 a 3 minutos y retírelo de la bandeja para hornear.

27. Patatas fritas de coco con tarta de calabaza

- 2 cucharadas de aceite de coco

- $^1/\,2$ cucharadita de extracto de vainilla

- $^1/\,2$ cucharadita de especias para pastel de calabaza

- 1 cucharada de eritritol granulado

- 2 tazas de hojuelas de coco sin azúcar

- $^1/\,8$ cucharadita de sal

1 Precaliente el horno a 350 ° F.

2Coloque el aceite de coco en un tazón mediano apto para microondas y cocine en el microondas hasta que se derrita, aproximadamente 20 segundos. Agregue extracto de vainilla, especias para pastel de calabaza y eritritol granulado al aceite de coco y revuelva hasta que se combinen.

3Coloque los copos de coco en un tazón mediano, vierta la mezcla de aceite de coco sobre ellos y mezcle para cubrir. Extienda en una sola capa sobre una bandeja para hornear galletas y espolvoree con sal.

4 Hornee por 5 minutos o hasta que el coco esté crujiente.

28. Patatas fritas de piel de pollo Alfredo

- Piel de 3 muslos de pollo grandes
- 2 cucharadas de queso ricotta
- 2 cucharadas de queso crema
- 1 cucharada de queso parmesano rallado
- $1/4$ diente de ajo, picado
- $1/4$ cucharadita de pimienta blanca molida

1Precaliente el horno a 350 ° F. En una bandeja para galletas forrada con papel pergamino, coloque las pieles lo más planas posible.

2 Hornee de 12 a 15 minutos hasta que la piel se torne de un color marrón claro y crujiente, con cuidado de no quemarlas.

3 Retire la piel de la bandeja para hornear galletas y colóquela sobre una toalla de papel para que se enfríe.

4En un tazón pequeño, agregue los quesos, el ajo y la pimienta. Mezclar con un tenedor hasta que esté bien mezclado.

5 Corta cada piel de pollo crujiente en 2 piezas.

6 Coloque 1 cucharada de mezcla de queso en cada pollo crujiente y sirva inmediatamente.

BOLAS DE APERITIVO

29. Bolas de tocino y jalapeño

- 5 rebanadas de tocino sin azúcar agregada, cocido, con grasa reservada

- $^1/$ 4 taza más 2 cucharadas (3 onzas) de queso crema

- 2 cucharadas de grasa de tocino reservada

- 1 cucharadita de chile jalapeño sin semillas y finamente picado

- 1 cucharada de cilantro finamente picado

1 En una tabla de cortar, corte el tocino en pequeñas migajas.

2En un tazón pequeño, combine el queso crema, la grasa de tocino, el jalapeño y el cilantro; mezclar bien con un tenedor.

3 Forme 6 bolas con la mezcla.

4 Coloque el tocino desmenuzado en un plato mediano y enrolle las bolas individuales para cubrirlas uniformemente.

5 Sirva inmediatamente o refrigere hasta por 3 días.

30. Bolas de prosciutto de aguacate

- $1/2$ taza de nueces de macadamia

- $1/2$ aguacate grande, pelado y sin hueso (aproximadamente 4 onzas de pulpa)

- 1 onza de prosciutto cocido, desmenuzado

- $1/4$ cucharadita de pimienta negra

1En un procesador de alimentos pequeño, tritura las nueces de macadamia hasta que se desmoronen uniformemente. Dividir por la mitad.

2 En un tazón pequeño, combine el aguacate, la mitad de las nueces de macadamia, el prosciutto

desmenuzado y la pimienta y mezcle bien con un tenedor.

3 Forme 6 bolas con la mezcla.

4 Coloque las nueces de macadamia desmenuzadas restantes en un plato mediano y enrolle las bolas individuales para cubrirlas uniformemente.

5 Servir inmediatamente.

31. Bolas de barbacoa

- 4 onzas (1/2 taza) de queso crema

- 4 cucharadas de grasa de tocino

- $1/2$ cucharadita de sabor ahumado

- 2 gotas de glicerita de stevia

- $1/8$ cucharadita de vinagre de sidra de manzana

- 1 cucharada de chile dulce ahumado en polvo

1 En un procesador de alimentos pequeño, procese todos los ingredientes excepto el chile en polvo

hasta que formen una crema suave, aproximadamente 30 segundos.

2 Raspe la mezcla y transfiérala a un tazón pequeño, luego refrigere 2 horas.

3 Formar 6 bolitas con ayuda de una cuchara.

4 Espolvoree las bolas con chile en polvo, rodando para cubrir todos los lados.

5 Sirva inmediatamente o refrigere hasta por 3 días.

32. Bolas de panqueques de tocino y arce

- 5 rebanadas de tocino sin azúcar agregada, cocidas

- 4 onzas (1/2 taza) de queso crema

- $^1/2$ cucharadita de sabor a arce

- $^1/4$ cucharadita de sal

- 3 cucharadas de nueces pecanas trituradas

1 En una tabla de cortar, corte el tocino en pequeñas migajas.

2En un tazón pequeño, combine el queso crema y el tocino desmenuzado con sabor a arce y sal; mezclar bien con un tenedor.

3 Forme 6 bolas con la mezcla.

4 Coloque las nueces trituradas en un plato mediano y enrolle las bolas individuales para cubrirlas uniformemente.

5 Sirva inmediatamente o refrigere hasta por 3 días.

33. Bolas de mantequilla solar

- 6 cucharadas de queso mascarpone

- 3 cucharadas de mantequilla de semillas de girasol sin azúcar agregada

- 6 cucharadas de aceite de coco ablandado

- 3 cucharadas de hojuelas de coco rallado sin azúcar

1 En un tazón mediano, mezcle el queso mascarpone, la mantequilla de semillas de girasol y el aceite de coco hasta que se forme una pasta suave.

2Forme bolas del tamaño de una nuez con la pasta. Si la mezcla está demasiado pegajosa, colóquela en el refrigerador 15 minutos antes de formar bolas.

3 Extienda las hojuelas de coco en un plato mediano y enrolle las bolas individuales para cubrirlas uniformemente.

34. Bocaditos de cebolla brasileña

Ingrediente

- 1 cebolla pequeña 1/4 a lo largo

- 6 cucharadas   Mayonesa

- Sal y pimienta

- 6 Rebanadas de pan - sin corteza

- 3 cucharadas   Queso parmesano rallado

a) Precalentar el horno a 350. Mezclar la cebolla
    con 5 cucharadas de mayonesa y sal y pimienta

al gusto. Dejar de lado. Unte 3 rebanadas de pan por un lado con la mayonesa restante. Córtelos en cuartos.

b) Corta las 3 rebanadas de pan restantes en cuartos y esparce cada cuadrado uniformemente con la mezcla de cebolla. Cubra con los cuadrados de pan reservados, con la mayonesa hacia arriba. Colóquelos en una bandeja para hornear y espolvoree generosamente la parte superior con queso parmesano.

c) Hornee hasta que estén ligeramente dorados y ligeramente hinchados, aproximadamente 15 minutos. Servir inmediatamente.

35. Bolas de pizza

- ¹/ 4 taza (2 onzas) de queso mozzarella fresco

- 2 onzas (1/4 taza) de queso crema

- 1 cucharada de aceite de oliva

- 1 cucharadita de pasta de tomate

- 6 aceitunas kalamata grandes, sin hueso

- 12 hojas frescas de albahaca

1 En un procesador de alimentos pequeño, procesa todos los ingredientes excepto la albahaca hasta que formen una crema suave, aproximadamente 30 segundos.

2 Forma 6 bolitas con la mezcla con ayuda de una cuchara.

3 Coloque 1 hoja de albahaca en la parte superior e inferior de cada bola y asegúrela con un palillo.

4 Sirva inmediatamente o refrigere hasta por 3 días.

36. Bolas de aceituna y feta

- 2 onzas$^1/_4$ taza) queso crema
- $^1/_4$ taza (2 onzas) de queso feta
- 12 aceitunas kalamata grandes, sin hueso
- $^1/_8$ cucharadita de tomillo fresco finamente picado
- $^1/_8$ cucharadita de ralladura de limón fresco

1 En un procesador de alimentos pequeño, procesa todos los ingredientes hasta que formen una masa gruesa, aproximadamente 30 segundos.

2 Raspe la mezcla y transfiérala a un tazón pequeño, luego refrigere 2 horas.

3 Formar 6 bolitas con ayuda de una cuchara.

4 Sirva inmediatamente o refrigere hasta por 3 días.

37. Bolas de avellana brie

- $1/2$ taza (4 onzas) de queso Brie
- $1/4$ taza de avellanas tostadas
- $1/8$ cucharadita de tomillo fresco finamente picado

1 En un procesador de alimentos pequeño, procesa todos los ingredientes hasta que formen una masa gruesa, aproximadamente 30 segundos.

2 Raspe la mezcla, transfiérala a un tazón pequeño y refrigere 2 horas.

3 Formar 6 bolitas con ayuda de una cuchara.

4 Sirva inmediatamente o refrigere hasta por 3 días.

38. Bolas de atún al curry

- $^1/_4$ taza más 2 cucharadas (3 onzas) de atún en aceite, escurrido
- 2 onzas$^1/_4$ taza) queso crema
- $^1/_4$ cucharadita de curry en polvo, dividida
- 2 cucharadas de nueces de macadamia desmenuzadas

1 En un procesador de alimentos pequeño, procesa el atún, el queso crema y la mitad del curry en polvo hasta que formen una crema suave, aproximadamente 30 segundos.

2 Forme 6 bolas con la mezcla.

3 Coloque las nueces de macadamia desmenuzadas y el curry en polvo restante en un plato mediano y enrolle las bolas individuales para cubrirlas uniformemente.

4 Sirva inmediatamente o refrigere hasta por 3 días.

39. Bombas de cerdo

- 8 rebanadas de tocino sin azúcar añadido
- 8 onzas de Braunschweiger a temperatura ambiente
- $^1/_4$ taza de pistachos picados
- 6 onzas$^3/_4$ taza) de queso crema, ablandado a temperatura ambiente
- 1 cucharadita de mostaza de Dijon

1Cocine el tocino en una sartén mediana a fuego medio hasta que esté crujiente, 5 minutos por lado. Escurrir sobre papel toalla y dejar enfriar. Una vez enfriado, desmenuza en trozos del tamaño de un tocino.

2 Coloque el Braunschweiger con pistachos en un procesador de alimentos pequeño y presione hasta que esté combinado.

3 En un tazón pequeño, use una licuadora de mano para batir el queso crema y la mostaza Dijon hasta que estén combinados y esponjosos.

4Divida la mezcla de carne en 12 porciones iguales. Enrolle en bolas y cubra con una capa fina de mezcla de queso crema.

5Enfríe por lo menos 1 hora. Cuando esté listo para servir, coloque los trozos de tocino en un plato mediano, enrolle las bolas para cubrirlas uniformemente y disfrute.

6 Las bombas de grasa se pueden refrigerar en un recipiente hermético hasta por 4 días.

40. Bolas de caramelo salado y brie

- $^1/2$ taza (4 onzas) de queso Brie picado en trozos grandes

- $^1/4$ taza de nueces de macadamia saladas

- $^1/2$ cucharadita de sabor a caramelo

1 En un procesador de alimentos pequeño, procesa todos los ingredientes hasta que formen una masa gruesa, aproximadamente 30 segundos.

2 Forma 6 bolitas con la mezcla con ayuda de una cuchara.

3 Sirva inmediatamente o refrigere hasta por 3 días.

CÓCTELES DE FIESTA

41. Camarones de fiesta

Ingrediente

- 1 Manojo de cebolletas / chalotes

- ½ grande Manojo de perejil

- 2 latas de pimientos enteros

- 2 grandes   Vainas de ajo

- 3 Partes de aceite de ensalada por 1 parte

- vinagre blanco

- Sal

- Pimienta

- Mostaza seca

- pimiento rojo

- 5 libras Con cáscara hervida limpia

- Camarones o descongelados congelados

a) Pica bien las verduras en un procesador de alimentos o licuadora. Agregue a la mezcla de aceite / vinagre. Mezclar bien. Sazone al gusto con otros condimentos.

b) Vierta la mezcla sobre los camarones, voltee varias veces. Refrigere por al menos 24 horas, mezclando ocasionalmente. Escurre el líquido para servir. Sirve con palillos de dientes.

42. Albóndigas de cóctel

Ingrediente

- ¼ taza de requesón sin grasa

- 2 Claras de huevo

- 2 cucharaditas de salsa Worcestershire

- ½ taza Más 2 cucharadas de pan rallado

- 8 onzas Pechuga de pavo molida

- 6 onzas Salchicha de pavo; quitado de las carcasas

- 2 cucharadas de cebolla picada

- 2 cucharadas de pimientos verdes picados

- $\frac{1}{2}$ taza de perejil fresco cortado y hojas de apio

a) Rocíe una bandeja para hornear galletas con spray antiadherente y reserve.

b) En un tazón grande, mezcle el requesón, las claras de huevo, la salsa Worcestershire y $\frac{1}{2}$ taza de pan rallado. Agregue la pechuga de pavo, la salchicha de pavo, las cebollas y los pimientos verdes.

c) Forme 32 albóndigas con la mezcla de ave. En una hoja de papel encerado, combine el perejil, las hojas de apio y las 2 cucharadas restantes de pan rallado. Enrolle las albóndigas en la mezcla de perejil hasta que estén cubiertas uniformemente.

d) Transfiera las albóndigas a la bandeja para hornear preparada. Ase a 3 a 4 pulgadas del fuego durante 10 a 12 minutos.

43. Palitos de zanahoria para cóctel

Ingrediente

- 1½ taza de azúcar

- 3 cucharadas de sal

- 2 cuartos   vinagre blanco

- 2 cucharadas de semillas de mostaza

- 2 cucharadas de semillas de apio

- 1 cucharada de semillas de eneldo

- 2 cucharaditas de albahaca seca

- 1 cucharadita de hojuelas de pimiento picante

- 5 libras Zanahorias

- 5 Ramitas de eneldo

a) Combine el azúcar, la sal y el vinagre en una cacerola de vidrio pequeña y deje hervir; reserva. Combine los ingredientes restantes, excepto las zanahorias y las ramitas de eneldo; reserva.

b) Corte las zanahorias en juliana ($\frac{1}{2}$ pulgada cuadrada) y córtelas en trozos largos para que quepan en frascos. Vuelva a calentar la mezcla de vinagre, agregue 1 cucharadita de especias y $\frac{1}{2}$ taza de la mezcla de vinagre a cada frasco.

c) Empaque las zanahorias verticalmente dejando un espacio libre de $\frac{1}{4}$ de pulgada, coloque una ramita de eneldo encima y llene los frascos con la mezcla de vinagre.

d) Selle y procese durante 5 minutos en un baño de agua hirviendo.,

44. Bolas de queso para cóctel

Ingrediente

- 8 onzas queso, ablandado

- ¼ de taza de yogur natural sin grasa

- 4 onzas Queso cheddar rallado

- 4 onzas Queso suizo rallado bajo en grasa

- 2 cucharaditas de cebolla rallada

- 2 cucharaditas de rábano picante preparado

- 1 cucharadita de mostaza de Dijon estilo country

- $\frac{1}{4}$ de taza   Perejil fresco picado

a) Combine el queso y el yogur en un tazón grande para mezclar; batir a velocidad media de una batidora eléctrica hasta que quede suave. Agrega el queso cheddar y los siguientes 4 ingredientes; revuelva bien. Cubra y enfríe por lo menos 1 hora.

b) Forme una bola con la mezcla de queso y espolvoree con perejil. Presione el perejil suavemente en la bola de queso. Envuelva la bola de queso en una envoltura de plástico resistente y enfríe. Sirva con una variedad de galletas sin sal.

45. Puffs de crema de cóctel

Ingrediente

- $\frac{1}{2}$ taza de mantequilla

- 1 taza de harina

- 4 Huevos

- 1 taza de agua hirviendo

- 2 cucharadas de mantequilla

- 1 taza de nueces, picadas

- $1\frac{1}{2}$ taza de pollo cocido

- $\frac{1}{4}$ de cucharadita de sal

- 3 onzas   Queso crema

- $\frac{1}{4}$ taza de mayonesa

- $\frac{1}{4}$ de cucharadita de piel de limón

a) Combine la mantequilla y el agua hirviendo en una cacerola. Agrega la harina y la sal, hierve unos 2 minutos o hasta que se forme una bola blanda. Añade huevos, de uno en uno, batiendo bien.

b) Deje caer cucharaditas de la mezcla en una bandeja para hornear engrasada. Hornee de 20 a 22 minutos a 425 grados. Déjelo enfriar sobre una rejilla.

c) Derrita la mantequilla en una sartén; agregue las nueces y cocine a fuego lento hasta que se doren. Enfríe y combine los ingredientes restantes. Úselo para rellenar bollos de crema.

d) Corta una rebanada de la parte superior del hojaldre y rellénalo con relleno de pollo. Reemplace las tapas.

46. Brochetas de cóctel

Ingrediente

- 8 camarones grandes, cocidos

- 2 Cebollas verdes, cortadas

- ½ Pimiento rojo, sin semillas, cortado en tiras finas

- 8 pequeños   Aceitunas maduras o verdes

- 1b Diente de ajo machacado

- 2 cucharadas de jugo de limón

- 2 cucharadas de aceite de oliva

- 1 cucharadita de azúcar

- 1 cucharadita de mostaza molida gruesa

- $\frac{1}{4}$ de cucharadita de crema de rábano picante

a) Retire las cabezas y las cáscaras del cuerpo de los camarones, pero déjelas en la cola.

b) Desvenar los camarones quitando la médula espinal negra. Corta cada cebolla verde en 4 margaritas. Ponga los camarones, las cebolletas, el pimiento morrón y las aceitunas en un bol.

c) Mezcle el ajo, el jugo de limón, el aceite de oliva, el azúcar, la mostaza y el rábano picante.

d) Vierta sobre la mezcla de camarones, cubra y deje marinar por lo menos 2 horas, revolviendo ocasionalmente. Retire los ingredientes de la marinada y ensarte por igual en 8 palillos de madera. Escurrir sobre toallas de papel.

47. Cóctel teriyaki

Ingrediente

- 3½ libras de carne magra de res

- 1 taza de salsa de soja

- 3 Dientes de ajo; finamente picado

- 2 cucharadas de jengibre fresco rallado

- 1 cucharadita de acento

a) Corte la carne en cubos de ½ pulgada. Combine salsa de soja, jengibre, ajo y acento.

b) Deje que la mezcla se mezcle durante 1 hora. Agregue a la carne y deje marinar durante la noche en el refrigerador en una bolsa de plástico o en un recipiente de vidrio o plástico cubierto poco profundo, revolviendo ocasionalmente.

c) Pinche los cubos de carne en pequeños palitos de bambú, alrededor de 4-5 por palito. Rinde alrededor de 70 brochetas de cóctel.

d) Organice de forma atractiva en una bandeja cubierta con papel de aluminio y deje que los invitados asen individualmente en habachi o parrilla.

48. Castañas de agua de cóctel

Ingrediente

- 8½ onza Lata de castañas de agua

- Ahorre 1/2 taza de líquido

- ½ taza de vinagre

- 12 rodajas   Tocino, cortado a la mitad

- ¼ taza de azúcar morena

- ¼ de taza de salsa de tomate

a) Marine las castañas en líquido y vinagre durante 1 hora. Drenar.

b) Mezcle el azúcar morena y la salsa de tomate; luego esparce sobre tocino. Enrolle las castañas en el tocino. Sujete con palillos de dientes.

c) Ase hasta que el tocino esté crujiente.

49. Salchichas de cóctel

Ingrediente

- $\frac{3}{4}$ taza de mostaza preparada

- 1 taza de gelatina de grosella

- 1 libra   (8-10) salchichas de Frankfurt

a) Mezcle la mostaza y la gelatina de grosella en una fuente para calentar o en un baño maría.

b) Corte diagonalmente las salchichas en trozos pequeños. Agregue a la salsa y caliente.

50. Entremeses de centeno cóctel

Ingrediente

- 1 taza de mayonesa

- 1 taza de queso cheddar fuerte

- $\frac{1}{2}$ taza de queso parmesano

- 1 taza de cebollas verdes en rodajas

- Rebanadas de pan de centeno de cóctel

a) Combine la mayonesa, los quesos y las cebollas. Aplique aproximadamente $1\frac{1}{2}$ cucharada (o más) en cada rebanada de pan.

b) Coloque en una bandeja para hornear y coloque debajo del asador hasta que burbujee, asegurándose de que no se quemen.

CONCLUSIÓN

Gracias por llegar a este punto.

Las posibilidades son infinitas. ¡Hay tantos tipos diferentes de aperitivos para picar que puedes servir antes de la cena!

Si no tiene el tiempo o el ancho de banda para montar 60 mini deslizadores, ¡no lo haga! Si no puede pagar las pinzas de cangrejo, ¡elija algo que sea económico y económico!

Si sus invitados son cetogénicos, vegetarianos, veganos o tienen otras alergias, es posible que desee servir aperitivos que marquen todas las casillas de manera segura O tener algunas variedades diferentes para que cada invitado esté contento.